Dulce dos Pobres

Marina Mendonça

Dulce dos Pobres
Novena e biografia

Citações bíblicas: *Bíblia Sagrada*, tradução da CNBB, 7. ed., 2008.

Editora responsável: *Andréia Schweitzer*
Equipe editorial

2ª edição – 2011
7ª reimpressão –2023

Nenhuma parte desta obra poderá ser reproduzida ou transmitida por qualquer forma e/ou quaisquer meios (eletrônico ou mecânico, incluindo fotocópia e gravação) ou arquivada em qualquer sistema ou banco de dados sem permissão escrita da Editora. Direitos reservados.

Cadastre-se e receba nossas informações
www.paulinas.com.br
Telemarketing e SAC: 0800-7010081

Paulinas
Rua Dona Inácia Uchoa, 62
04110-020 – São Paulo – SP (Brasil)
📞 (11) 2125-3500
✉ editora@paulinas.com.br
© Pia Sociedade Filhas de São Paulo – São Paulo, 2011

Introdução

*Habitue-se a ouvir a voz
do seu coração.
É através dele que Deus fala conosco
e nos dá a força de que necessitamos
para seguirmos em frente,
vencendo os obstáculos
que surgem na nossa estrada.
Irmã Dulce*

Esta novena é um convite para conhecermos melhor a extraordinária mulher que foi Irmã Dulce. Pequena na aparência, mas uma fortaleza espiritual, de fé inabalável, confiança cega na Divina Providência e amor desmedido pelo próximo.

Por suas obras sociais, ainda em vida Irmã Dulce era venerada como "santa". Seu nome é sinônimo de bondade, heroísmo e doçura. Não à toa recebeu o epíteto "Anjo bom da Bahia". Agora, declarada santa, passou a ser o "Anjo bom do Brasil"!

Há incontáveis relatos de fatos marcantes que comprovam a prática habitual das virtudes cristãs e o seguimento dos mandamentos da caridade: "Amarás o Senhor teu Deus, com todo o teu coração, com toda a tua alma e com toda a tua mente" e "Amarás o próximo como a ti mesmo".

Como a que ocorreu quando, ao pedir ajuda para os seus pobres, Irmã Dulce recebeu uma cusparada na mão. Sem se perturbar, respondeu: "Isso é para mim... agora me dê alguma coisa para os pobres". Ou, noutra vez, sem ter o que dar de comer aos necessitados, rezava para Santo Antônio quando recebeu uma ligação informando sobre uma grande doação de alimentos. Ou, ainda, numa noite fria, quando saiu em procissão pedindo ajuda divina para agasalhar os que tinham frio, e um caminhão encostou com uma doação de cobertores!

Assim foi a vida de Irmã Dulce: inteiramente dedicada a quem precisava. Por isso a importância de tomá-la não só como intercessora, mas também como modelo de vida cristã a ser imitada. Disse Irmã Dulce: "Se cada um fizer a sua parte, se cada pessoa se conscientizar do seu papel social, estaremos contribuindo sensivelmente para diminuir o número de pessoas que vivem em situação miserável".

Esta novena quer levar o leitor a conhecer, ainda que em breves pinceladas, a biografia de Irmã Dulce, assim como sua profunda confiança na Divina Providência e seu intenso trabalho em favor dos irmãos pobres e desvalidos. Invoquemos Irmã Dulce na certeza de que ela, por sua intercessão, alcançará de Deus as graças de que necessitamos.

PRIMEIRO DIA

Infância

Em nome do Pai e do Filho e do Espírito Santo. Amém.

Oração

Senhor nosso Deus, recordando a vossa serva Dulce Lopes Pontes, ardente de amor por vós e pelos irmãos, nós vos agradecemos pelo seu serviço em favor dos pobres e dos excluídos. Renovai-nos na fé e na caridade, e concedei-nos a seu exemplo vivermos a comunhão com simplicidade e humildade, guiados pela doçura do Espírito de Cristo, bendito nos séculos dos séculos. Amém.

Conhecendo Dulce dos Pobres

No dia 26 de maio de 1914, na cidade de Salvador-BA, nasceu Maria Rita de Sousa Brito Lopes Pontes. Filha mais velha do dr. Augusto Lopes Pontes e de d. Dulce, Maria Rita teve cinco irmãos: Augusto, Dulcinha, Aloysio, Geraldo e Regina. A caçula, Regina, faleceu ainda recém-nascida, indo para a Casa do Pai juntamente com sua mãe. Órfãs, as crianças ficaram aos cuidados das tias, amorosas mas rígidas, e do carinhoso pai.

Professor da Universidade da Bahia, dr. Augusto proporcionou à família boas condições financeiras para o desenvolvimento de todos. Casou-se novamente e teve mais duas filhas: Terezinha e Ana Maria.

Até os 13 anos, Maria Rita levou uma vida tranquila e despreocupada. Porém, certo domingo, foi com a tia Madalena à Igreja de Santo Antônio. Depois da missa, foram visitar os doentes. A jovem viu então uma realidade que ela nem sequer imaginava que pudesse existir: indigência, abandono, sofrimento, doenças, fome... quanta miséria!

Palavras de Irmã Dulce

"O pobre, o doente, aquele que sofre, o abandonado, é a imagem de Cristo. Se olharmos o pobre dessa maneira, então, todo o aspecto exterior, o estar sujo, cheio de parasitas, com grandes chagas, não nos incomodará, pois na sua pessoa está presente o Cristo sofredor."

Leitura bíblica

"Meus irmãos, a fé que tendes em nosso Senhor Jesus Cristo glorificado não deve admitir acepção de pessoas. Imaginai o seguinte: Na vossa reunião entram duas pessoas, uma com anel de ouro no dedo e bem vestida, e outra, pobre, com a roupa surrada. Ao que está bem vestido, dais atenção, dizendo-lhe: 'Vem sentar-te aqui, à vontade'. Mas ao pobre dizeis: 'Fica aí, de pé', ou 'Senta-te aqui no chão, aos meus pés'. Não é isso um caso de discriminação entre vós? Será que não julgastes com critérios que não convêm? Escutai, meus caríssimos irmãos: não escolheu Deus os pobres aos olhos do mundo para serem ricos na fé e herdeiros do Reino que prometeu aos que o amam?" (Tg 2,1-5).

Mensagem

Ninguém deve ser julgado por aquilo que é externamente. Nem todos os ricos são maus; nem todos os pobres são santos. A santidade está no nosso amor a Deus, no nosso empenho em seguir os preceitos cristãos e em viver nosso dia a dia da melhor forma possível, tendo por base os valores cristãos.

Rezando com Irmã Dulce

Ó Dulce dos Pobres, tu que nasceste em um lar com bons recursos, mas ainda jovem abriste os olhos para a dura realidade da sociedade, alcança-nos do

Senhor a sensibilidade para percebermos o que podemos fazer pelos próximos mais necessitados e a disponibilidade para servirmos aos que estão em situação de injustiça, dentro e além de nossas posses e possibilidades.

SEGUNDO DIA

Entrada na Congregação, noviciado e votos

Em nome do Pai e do Filho e do Espírito Santo. Amém.

Oração

Senhor nosso Deus, recordando a vossa serva Dulce Lopes Pontes, ardente de amor por vós e pelos irmãos, nós vos agradecemos pelo seu serviço em favor dos pobres e dos excluídos. Renovai-nos na fé e na caridade, e concedei-nos a seu exemplo vivermos a comunhão com simplicidade e humildade, guiados pela doçura do Espírito de Cristo, bendito nos séculos dos séculos. Amém.

Conhecendo Dulce dos Pobres

Após ser tocada pela situação de pobreza de tantas pessoas, Maria Rita passou a praticar a caridade na porta de sua casa, formando-se lá, às vezes, uma pequena multidão de necessitados.

Aos 15 anos decidiu tornar-se Filha de São Francisco, mas seu pai conseguiu convencê-la a terminar os estudos. Assim, em fevereiro de 1933, logo depois de formar-se professora, seguiu para o Convento do Carmo, na cidade de São Cristóvão (antiga capital de Sergipe), e entrou para a Congregação das Irmãs Missionárias da Imaculada Conceição da Mãe de Deus.

Depois de seis meses de postulado, Maria Rita recebeu o nome de Irmã Dulce, em homenagem a sua falecida mãe. Em agosto de 1934, fez a profissão religiosa e emitiu os votos temporários de pobreza, castidade e obediência. Ao lado das demais noviças, entrou na igreja com uma vela acesa nas mãos e uma coroa de espinhos sobre a cabeça, simbolizando a entrega de sua vida pela salvação do mundo. Ao pronunciar a promessa, passou a vestir o hábito branco com o escapulário azul e uma medalha com a imagem de Nossa Senhora no pescoço – símbolos da Congregação. Os votos perpétuos foram emitidos em 1938.

Palavras de Irmã Dulce

"Não existe estado mais sublime do que o da pessoa que consagra a sua vida a Deus. Devemos ser evangelhos vivos, uma aliança no amor mútuo, uma íntima comunhão entre a alma consagrada e Deus. A sublimidade da nossa vida está na doação total de todo o ser a Deus."

Leitura bíblica

"Jesus respondeu: 'Em verdade vos digo: todo aquele que deixa casa, irmãos, irmãs, mãe, pai, filhos e campos, por causa de mim e do evangelho, recebe cem vezes mais agora, durante esta vida – casas, irmãos, irmãs, mães, filhos e campos, com perseguições –, e no mundo futuro, a vida eterna'" (Mc 10,28-30).

Mensagem

Os desígnios de Deus são insondáveis. Para tudo na terra há um tempo certo, o tempo de Deus. Na nossa vã tentativa de controlar tudo, às vezes queremos impor nossa vontade sobre a disposição divina. Devemos exercer, sim, nosso livre-arbítrio, porém, sempre e acima de tudo ouvindo e seguindo o que Deus nos propõe, buscando nossa missão maior de vida.

Rezando com Irmã Dulce

Ó Dulce dos Pobres, tu que desde a tenra idade de 15 anos soubeste praticar a partilha com os carentes, ensina-nos com a ajuda de Deus Pai a também partilharmos não só o pão, mas também a Palavra de Deus, com os que necessitam de alimentos para o corpo e para a alma.

TERCEIRO DIA
Trabalho como farmacêutica

Em nome do Pai e do Filho e do Espírito Santo. Amém.

Oração

Senhor nosso Deus, recordando a vossa serva Dulce Lopes Pontes, ardente de amor por vós e pelos irmãos, nós vos agradecemos pelo seu serviço em favor dos pobres e dos excluídos. Renovai-nos na fé e na caridade, e concedei-nos a seu exemplo vivermos a comunhão com simplicidade e humildade, guiados pela doçura do Espírito de Cristo, bendito nos séculos dos séculos. Amém.

Conhecendo Dulce dos Pobres

Em 1934, Irmã Dulce pegou o trem de volta a Salvador. Já na estação viu uma realidade impressionante: não havia um canto em que não houvesse pedintes, doentes, desalojados. Com a seca implacável que assolava o Nordeste naquele momento, incontáveis sertanejos rumavam com suas famílias para as capitais em busca de uma vida melhor. A cidade havia crescido muito, mas não conseguia absorver tantos migrantes, que chegavam sem parar.

Inicialmente exercendo a função de sacristã e porteira, logo foi designada pela sua superiora a fazer um curso inicial de Farmácia. Com sua dedicação e inclinação natural pela nova atividade, logo passou a exercer a função de enfermeira e responsável pelo setor radiológico no Hospital Espanhol. O diploma de Farmacêutica viria muitos anos mais tarde, em 1941. Antes ainda enfrentaria outras adversidades.

Depois de seis meses no Hospital Espanhol, foi enviada ao Colégio Santa Bernadete, para lecionar. Porém, embora seu corpo estivesse presente na sala de aula, sua mente estava com os pobres, do lado de fora do prédio. As superioras, percebendo a insatisfação silenciosa de Irmã Dulce, deram-lhe permissão para se dedicar totalmente à missão fora do colégio.

Palavras de Irmã Dulce

"Se fosse preciso, começaria tudo outra vez do mesmo jeito, andando pelo mesmo caminho de dificuldades, pois a fé, que nunca me abandona, me dá forças para ir sempre em frente. A gente não vive a nossa vida, mas a daqueles que nos cercam e nos procuram. Estou aqui para servir."

Leitura bíblica

"Na verdade, é Deus que produz em vós tanto o querer como o fazer, conforme o seu agrado. Fazei tudo sem murmurar nem questionar, para que sejais irrepreensíveis e íntegros, filhos de Deus sem defeito, no meio de uma geração má e perversa, na qual brilhais como luzeiros no mundo, apegados firmemente à palavra da vida. Assim, no dia de Cristo, terei a glória de não ter corrido em vão, nem trabalhado inutilmente" (Fl 2,13-16).

Mensagem

Deus está em nossa vida em todos os momentos. Se estivermos abertos, veremos a Deus às nossas costas em diversas situações da vida. Olhando para trás, quantas vezes podemos perceber a disposição divina nos ajudando a escolher o melhor emprego, o melhor momento de comprar uma casa, a melhor idade para casar ou abraçar a vida religiosa. São tantas as graças recebidas, para as quais devemos estar atentos e disponíveis!

Rezando com Irmã Dulce

Ó Dulce dos Pobres, por tua intercessão, ajuda-nos a ver a Deus em nossa vida. Ele, que passa por nós tanto na alegria como no sofrimento, manifesta em nós vosso poder em momentos de provação. Alcança-nos do Senhor a graça de abrir o coração.

QUARTO DIA

Ajuda aos necessitados

Em nome do Pai e do Filho e do Espírito Santo. Amém.

Oração

Senhor nosso Deus, recordando a vossa serva Dulce Lopes Pontes, ardente de amor por vós e pelos irmãos, nós vos agradecemos pelo seu serviço em favor dos pobres e dos excluídos. Renovai-nos na fé e na caridade, e concedei-nos a seu exemplo vivermos a comunhão com simplicidade e humildade, guiados pela doçura do Espírito de Cristo, bendito nos séculos dos séculos. Amém.

Conhecendo Dulce dos Pobres

Irmã Dulce passou então a dedicar-se à alfabetização de crianças – filhos de operários e de moradores da favela dos Alagados. Mas logo viu que era pouco, e começou a levar a catequese aos operários durante a hora do almoço nas fábricas. Ainda não satisfeita, percebeu que o total desamparo em que se encontravam os operários e suas famílias era a causa de muitos problemas.

Assim, Irmã Dulce aliou-se a Frei Hildebrando Kruthaup, seu confessor, e juntos foram os responsáveis pelo nascimento, em outubro de 1936, da União Operária São Francisco, transformada em Círculo Operário da Bahia em janeiro de 1937. Com o COB, os operários ganharam uma entidade que os reunia e representava, oferecendo, entre outras facilidades, uma escola com cursos profissionalizantes e de economia doméstica.

Palavras de Irmã Dulce

"Se fôssemos mais conscientes do que somos, não haveria tanta miséria no Brasil.

Teríamos uma ação coletiva mais efetiva e a ação oficial não seria tão mínima. Grande parte da miséria que hoje existe em todo o nosso país é decorrente da pouca instrução e educação que as pessoas possuem. Deus não criou o ser humano para a ignorância. Uma sociedade só pode ser feliz quando o conhecimento estiver plenamente dividido entre todos os seus filhos."

Leitura bíblica

"Nisto sabemos o que é o amor: Jesus deu a vida por nós. Portanto, também nós devemos dar a vida pelos irmãos. Se alguém possui riquezas neste mundo e vê o seu irmão passar necessidade, mas diante dele fecha o seu coração, como pode o amor de Deus permanecer nele? Não amemos só com palavras e de boca, mas com ações e de verdade! Aí está o critério para saber que somos da verdade; e com isto tranquilizaremos na presença dele o nosso coração. Se o nosso coração nos acusa, Deus é maior que o nosso coração e conhece todas as coisas" (1Jo 3,16-20).

Mensagem

Às vezes não basta remediar; é preciso buscar a causa. Ir até a origem dos problemas e resolvê-los. Ficar na superficialidade e apenas na reparação pode ser mera ação maquiadora da realidade. Irmã Dulce não se contentou em cuidar dos filhos dos operários. Foi até os operários. Devemos nós também fazer o mesmo em nossa vida, sem medo ou receios, com a bênção de Deus Pai, apoiados no exemplo de Jesus e com a inspiração do Espírito Santo.

Rezando com Irmã Dulce

Ó Dulce dos Pobres, tu que não recuaste ante os desafios, obtém-nos do Pai a graça

de enfrentarmos as dificuldades e os problemas, com fé e esperança, sempre fiéis à
missão primordial de anunciar a Boa-Nova
da salvação de Jesus Cristo.

QUINTO DIA
Em defesa dos doentes

Em nome do Pai e do Filho e do Espírito Santo. Amém.

Oração

Senhor nosso Deus, recordando a vossa serva Dulce Lopes Pontes, ardente de amor por vós e pelos irmãos, nós vos agradecemos pelo seu serviço em favor dos pobres e dos excluídos. Renovai-nos na fé e na caridade, e concedei-nos a seu exemplo vivermos a comunhão com simplicidade e humildade, guiados pela doçura do Espírito de Cristo, bendito nos séculos dos séculos. Amém.

Conhecendo Dulce dos Pobres

Certo dia um menino muito doente, de cerca de 12 anos, pediu socorro à

Irmã Dulce: "Irmã, não me deixe morrer na rua!". Irmã Dulce o levou para a Ilha dos Ratos, um bairro próximo, onde havia casas vazias. Diante de uma delas, pediu a um passante que arrombasse a porta, e ali acomodou a pobre criança.

A notícia rapidamente se espalhou e outras casas foram arrombadas para acolher doentes. Em pouco tempo, eram mais de 50 doentes, que para ela eram a imagem de Cristo. Expulsos pelo proprietário, ocuparam os arcos da rampa que conduzia ao Santuário de Nosso Senhor do Bonfim. Dessa vez foi o prefeito que se irritou e exigiu que deixassem o local turístico. A solução foi ocupar o antigo galinheiro do Convento Santo Antônio, com o consentimento da Superiora.

Palavras de Irmã Dulce

"Somente quem convive com o pobre pode compreendê-lo. Muitos acham que faço demais, que dou atenção demais aos pobres, e me criticam por isso. Cada um de nós não gostaria de ser bem acolhido, de receber todas as atenções espirituais e materiais? No princípio de nosso trabalho – e hoje ainda – havia quem achasse que dávamos demais aos pobres, que fazíamos demais por eles. Pergunto: É demais o que fazemos a Deus? Ele não merece tudo de nós? Se o pobre representa a imagem de Deus, então nunca é demais o que fazemos aos pobres."

Leitura bíblica

"Então os justos lhe perguntarão: 'Senhor, quando foi que te vimos com fome e te demos de comer? Com sede, e te demos de beber? Quando foi que te vimos como forasteiro, e te recebemos em casa, sem roupa, e te vestimos? Quando foi que te vimos doente ou preso, e fomos te visitar?'. Então o Rei lhes responderá: 'Em verdade, vos digo: todas as vezes que fizestes isso a um destes mais pequenos, que são meus irmãos, foi a mim que o fizestes!'" (Mt 25,37-40).

Mensagem

Quantas vezes passamos pelos pobres na rua e não lhes damos atenção? Na correria do dia a dia é importante achar tempo para o próximo, ainda que seja para rezar em sua intenção. O pouco que temos a dar pode ser muito para quem recebe e nada tem. Tempo, disponibilidade e oração são tão importantes quanto os bens materiais, e igualmente apreciados por Deus.

Rezando com Irmã Dulce

Ó Dulce dos Pobres, por tua intercessão, obtém-nos a graça de termos um coração aberto aos problemas dos outros; um tempo para rezarmos pelos irmãos; um olhar terno aos necessitados; a coragem de assumirmos a missão com alegria, abertura e doação.

SEXTO DIA
Obras Sociais Irmã Dulce

Em nome do Pai e do Filho e do Espírito Santo. Amém.

Oração

Senhor nosso Deus, recordando a vossa serva Dulce Lopes Pontes, ardente de amor por vós e pelos irmãos, nós vos agradecemos pelo seu serviço em favor dos pobres e dos excluídos. Renovai-nos na fé e na caridade, e concedei-nos a seu exemplo vivermos a comunhão com simplicidade e humildade, guiados pela doçura do Espírito de Cristo, bendito nos séculos dos séculos. Amém.

Conhecendo Dulce dos Pobres

Com o tempo foi preciso mudar a sede do Círculo Operário. Irmã Dulce e Frei Hildebrando pediram dinheiro de porta em porta para a compra do terreno.

Com a ajuda dos operários da obra, Irmã Dulce transformou o pequeno terreno, ao lado do Convento, adjacente à obra, no primeiro núcleo de um conjunto hospitalar, que ganhou o nome de Albergue Santo Antônio.

Em 1959, ano do 25º aniversário de profissão religiosa de Irmã Dulce, entrou em vigor a Associação Obras Sociais Irmã Dulce. Após uma maciça campanha, ela conseguiu recursos para a construção do Hospital Santo Antônio.

Palavras de Irmã Dulce

"Aqui [nas nossas Obras Sociais] nós vemos diariamente a mão de Deus. Assistimos à repetição do milagre dos pães e dos peixes. Por isso, mesmo com todas as dificuldades, conseguimos atender todos os que nos procuram. É preciso que tenhamos fé e esperança em um futuro melhor. O essencial é confiar em Deus. Considero tudo o que foi conseguido até hoje como um milagre de Deus."

Leitura bíblica

"Partindo dali, Jesus foi para as margens do mar da Galileia, subiu à montanha e sentou-se. Grandes multidões iam até ele, levando consigo coxos, aleijados, cegos, mudos, e muitos outros doentes. Eles os trouxeram aos pés de Jesus, e ele os curou. A multidão ficou admirada, quando viu mudos falando, aleijados sendo curados, coxos andando e cegos enxergando. E glorificaram o Deus de Israel" (Mt 15,29-31).

Mensagem

Confiar na Providência Divina: eis a chave para uma vida verdadeiramente cristã. Deus tudo provê, em tudo nos ampara.

Somos seus filhos amados e ele jamais nos abandonará. Devemos louvá-lo por todas essas coisas maravilhosas e seguirmos fazendo o bem, vivendo o Evangelho.

Rezando com Irmã Dulce

Ó Dulce dos Pobres, incansável trabalhadora e defensora dos pobres, dos doentes, dos desvalidos e dos desamparados, alcança-nos do Pai Celeste as graças de que necessitamos para bem vivermos nesta terra de duras provações, enquanto aguardamos as infindáveis graças que obteremos no céu.

SÉTIMO DIA

Amor pelos meninos de rua

Em nome do Pai e do Filho e do Espírito Santo. Amém.

Oração

Senhor nosso Deus, recordando a vossa serva Dulce Lopes Pontes, ardente de amor por vós e pelos irmãos, nós vos agradecemos pelo seu serviço em favor dos pobres e dos excluídos. Renovai-nos na fé e na caridade, e concedei-nos a seu exemplo vivermos a comunhão com simplicidade e humildade, guiados pela doçura do Espírito de Cristo, bendito nos séculos dos séculos. Amém.

Conhecendo Dulce dos Pobres

Com a construção do Hospital Santo Antônio, graças às doações de benfeitores do Brasil e do exterior, vieram também um novo pavilhão para os idosos e o centro de recuperação para jovens, onde eles estudavam e aprendiam uma profissão.

Irmã Dulce nunca deixou de ter esperança nos jovens e de investir neles. Sabia que o futuro do Brasil depende deles, molas propulsoras da sociedade. Por isso, exerceu com eles um trabalho lento, paciente. Dizia que não podia desanimar... quantas vezes fugissem e quantas vezes voltassem, seriam sempre acolhidos ternamente.

Palavras de Irmã Dulce

"Os meninos que encontrava nas ruas eram muito violentos e agressivos. Até os pequenos de quatro e cinco anos eram extremamente violentos. Procuramos educá-los pelo amor; nada de castigo físico. O pior castigo para eles era suspender a televisão e a bola ou proibir qualquer coisa do interesse deles: andar de bicicleta, ir ao cinema aos sábados. É preciso muita paciência e muito amor a Deus para trabalhar com essas crianças. Elas estão acostumadas a ser maltratadas em casa, na rua. São perseguidas, apanham dos outros. Então fazem o mesmo quando chegam ao colégio. Só com muito amor se consegue recuperar uma criança dessas."

Leitura bíblica

"Algumas pessoas trouxeram criancinhas para que Jesus as tocasse. Vendo isso, os discípulos começaram a repreendê-las. Jesus, no entanto, as chamou para perto de si, dizendo: 'Deixai as crianças virem a mim e não as impeçais, pois a pessoas assim é que pertence o Reino de Deus. Eu vos digo: quem não receber o Reino de Deus como uma criança não entrará nele'" (Lc 18,15-17).

Mensagem

Nos jovens está o futuro da humanidade. Perdem-se às vezes nos desvios da vida, se não estão bem estruturados, mas devem ser sempre acolhidos e reconduzidos ao caminho do bem. Assim perseverarão e levarão adiante valores importantes e edificantes, moldando uma sociedade mais justa e fraterna.

Rezando com Irmã Dulce

Ó Dulce dos Pobres, por tua intercessão, obtém para nossos jovens a graça de conhecer, imitar e amar mais o Divino Mestre. Que eles conheçam Jesus e sejam seus discípulos. Ilumina, fortifica e santifica os jovens para que realizem grandes obras.

OITAVO DIA

Encontros com João Paulo II

Em nome do Pai e do Filho e do Espírito Santo. Amém.

Oração

Senhor nosso Deus, recordando a vossa serva Dulce Lopes Pontes, ardente de amor por vós e pelos irmãos, nós vos agradecemos pelo seu serviço em favor dos pobres e dos excluídos. Renovai-nos na fé e na caridade, e concedei-nos a seu exemplo vivermos a comunhão com simplicidade e humildade, guiados pela doçura do Espírito de Cristo, bendito nos séculos dos séculos. Amém.

Conhecendo Dulce dos Pobres

Irmã Dulce esteve duas vezes com o Papa João Paulo II. A primeira vez foi durante a visita do Pontífice ao Brasil, em 1980. Irmã Dulce foi convidada a subir ao altar para receber uma bênção especial. Recebeu do Papa um rosário e algumas palavras encorajadoras: "Continue, Irmã Dulce, continue".

Na segunda vez, as condições foram menos alegres. Irmã Dulce já estava com a saúde muito debilitada por um enfisema pulmonar. Internada no Hospital Santo Antônio, recebeu a bênção apostólica do Papa num leito, em outubro de 1991.

Há semelhanças nos dois religiosos: os dois amaram os jovens, sofreram muitos percalços físicos e são modelos incontestes de vida de santidade.

Palavras de Irmã Dulce

"No Dia Mundial das Vocações, o Papa João Paulo II dirigiu-se aos jovens com estas palavras: 'Vocês são a esperança da Igreja, vocês são a esperança do mundo', e os convidou a direcionar todas as suas energias, toda a força viva que existe dentro de cada um deles, para um nobre ideal. Se algum de vocês sentir o chamado divino, não relute, diga sim a Deus! Nós, que fomos chamados sem merecimento algum de nossa parte, sabemos o que significa este convite do Senhor, o que representa aquele dia em que sentimos que deveríamos nos doar totalmente a Deus, deixando para trás a família, os amigos, todo aquele pequeno mundo, para iniciarmos uma vida inteiramente consagrada."

Leitura bíblica

"Caminhando à beira do mar da Galileia, Jesus viu Simão e o irmão deste, André, lançando as redes ao mar, pois eram pescadores. Então lhes disse: 'Segui-me, e eu farei de vós pescadores de homens'. E eles, imediatamente, deixaram as redes e o seguiram. Prosseguindo um pouco adiante, viu também Tiago, filho de Zebedeu, e seu irmão, João, consertando as redes no barco. Imediatamente, Jesus os chamou. E eles, deixando o pai Zebedeu no barco com os empregados, puseram-se a seguir Jesus" (Mc 1,16-20).

Mensagem

Somos todos chamados. Alguns à vida religiosa; outros, a exercerem seu ministério como bons pais e mães, responsáveis pais de família, leigos engajados. Não importa qual o chamado: a resposta deve ser sempre com fidelidade e firmeza, sem esmorecer. Irmã Dulce e o Papa João Paulo II são bons exemplos de pessoas que seguiram sua missão, com tenacidade e amor.

Rezando com Irmã Dulce

Ó Dulce dos Pobres, tu que abraçaste a cruz da humildade e do aniquilamento, assim como o São João Paulo II, sê para nós um modelo de fortaleza nos momentos difíceis da vida, alcançando do Senhor a graça de recebermos com fé e esperança as provações que nos forem destinadas.

NONO DIA

Problemas de saúde

Em nome do Pai e do Filho e do Espírito Santo. Amém.

Oração

Senhor nosso Deus, recordando a vossa serva Dulce Lopes Pontes, ardente de amor por vós e pelos irmãos, nós vos agradecemos pelo seu serviço em favor dos pobres e dos excluídos. Renovai-nos na fé e na caridade, e concedei-nos a seu exemplo vivermos a comunhão com simplicidade e humildade, guiados pela doçura do Espírito de Cristo, bendito nos séculos dos séculos. Amém.

Conhecendo Dulce dos Pobres

A saúde de Irmã Dulce sofreu muito com seu modo de vida. Afetaram-na particularmente os problemas pulmonares.

Antes da partida para a Casa do Pai, ocorrida no dia 13 de março de 1992, sofreu intenso martírio de dezesseis meses, durante os quais recebeu o conforto de familiares, das irmãs da Congregação e dos pobres a quem tanto amara.

Sua partida comoveu o Brasil, que parou para acompanhar seu funeral. Foi sepultada na Capela do Santo Cristo, na Basílica de Nossa Senhora da Conceição da Praia, e, em junho de 2010, as relíquias foram trasladadas para seu túmulo definitivo, na Igreja da Imaculada Conceição da Mãe de Deus.

O processo de canonização de Irmã Dulce foi iniciado pelo Cardeal Primaz Dom Geraldo Majella Agnelo. Em 2009,

Irmã Dulce recebeu o título de Venerável e, em 2010, o Papa Bento XVI reconheceu o milagre que a tornou Bem-aventurada.

Em 2019, o Papa Francisco reconheceu mais um milagre por intercessão de Irmã Dulce.

Assim, Irmã Dulce é a primeira mulher nascida no Brasil a ser santa. A canonização, presidida pelo Papa Francisco, foi marcada para dia 13 de outubro de 2019, no Vaticano, em Roma.

Palavras de Irmã Dulce

"Como estou me sentindo doente e Nossa Senhora pode me chamar a qualquer hora, entrego a você a nossa querida Congregação de Filhas de Maria Servas dos Pobres. Você [Irmã Josefa Dulce], mais do que ninguém, sabe do nosso ideal – servir: servir a Deus na pessoa dos nossos irmãos pobres, doentes, crianças e velhos. E através dessa missão de servir, conduzi-los a

Deus. Fique firme, não esmoreça diante das dificuldades, diante dos problemas que possam surgir, Irmã. Com fé se vence tudo. Nas horas difíceis, diante do sacrário, fale com Jesus, diga-lhe que esse nosso trabalho é dele e, portanto, ele é quem vai cuidar dos nossos problemas e dificuldades. Sempre entreguei tudo a Jesus, e fui atendida."

Leitura bíblica

"Não vos deixarei órfãos: eu voltarei a vós. Ainda um pouco de tempo e o mundo não mais me verá; mas vós me vereis, porque eu vivo, e vós vivereis. Naquele dia sabereis que eu estou no meu Pai, e vós em mim, e eu em vós. Quem acolhe e observa os meus mandamentos, esse me ama. Ora, quem me ama será amado por meu Pai, e eu o amarei e me manifestarei a ele" (Jo 14,18-21).

Mensagem

Uma vida inteira dedicada ao próximo. Talvez não consigamos uma entrega tão profunda e radical como a da querida Dulce dos Pobres, mas certamente não o saberemos se não tentarmos sempre ser pessoas melhores para aqueles próximos de nós. Com a ajuda dos dons do Espírito Santo – sabedoria, inteligência, conselho, fortaleza, ciência, piedade e temor de Deus –, devemos ser dignos filhos de Deus.

Rezando com Irmã Dulce

Ó Dulce dos Pobres, tu que serviste à Igreja com tanta devoção, assim como também São João Paulo II, alcança-nos a graça de bem vivermos nosso compromisso batismal, a fim de levarmos também nós a Palavra de Deus a todos, irradiando Jesus com o testemunho de nossa vida.

Bibliografia

PASSARELLI, Gaetano. *Irmã Dulce*; o anjo bom da Bahia. São Paulo: Paulinas, 2010.

PONTES, Irmã Dulce. Textos e pensamentos de vários manuscritos, cartas e mensagens.

_____. Coletânea de cartas da Irmã Dulce à Associação das IrmãsFilhas de Maria Serva dos Pobres, fundada por ela; carta-testamento à Irmã Josefa Dulce; cartas da Irmã Dulce à Madre Maria Imaculada de Jesus; cartas à sua sobrinha Maria Rita; à sua irmã Dulcinha; às suas primas Madalena, Dulce e Angelina; aos amigos e benfeitores; à senhora Luci Cesar Fontenele; ao presidente da Associação Obras Sociais Irmã Dulce.

SCHWEITZER, Andréia. *Bem-aventurada Dulce dos Pobres*. São Paulo: Paulinas, 2011.

SENA, Luzia (org.). *Cinco minutos com Deus e Irmã Dulce*. São Paulo: Paulinas, 2011.

NOSSAS DEVOÇÕES
(Origem das novenas)

De onde vem a prática católica das novenas? Entre outras, podemos dar duas respostas: uma histórica, outra alegórica.

Historicamente, na Bíblia, no início do livro dos Atos dos Apóstolos, lê-se que, passados quarenta dias de sua morte na Cruz e de sua ressurreição, Jesus subiu aos céus, prometendo aos discípulos que enviaria o Espírito Santo, que lhes foi comunicado no dia de Pentecostes.

Entre a ascensão de Jesus ao céu e a descida do Espírito Santo, passaram-se nove dias. A comunidade cristã ficou reunida em torno de Maria, de algumas mulheres e dos apóstolos. Foi a primeira novena cristã. Hoje, ainda a repetimos todos os anos, orando, de modo especial, pela unidade dos cristãos. É o padrão de todas as outras novenas.

A novena é uma série de nove dias seguidos em que louvamos a Deus por suas maravilhas, em particular, pelos santos, por cuja intercessão nos são distribuídos tantos dons.

Alegoricamente, a novena é antes de tudo um ato de louvor ao Pai, ao Filho e ao Espírito Santo, Deus três vezes Santo. Três é número perfeito. Três vezes três, nove. A novena é louvor perfeito à Trindade. A prática de nove dias de oração, louvor e súplica confirma de maneira extraordinária nossa fé em Deus que nos salva, por intermédio de Jesus, de Maria e dos santos.

O Concílio Vaticano II afirma: "Assim como a comunhão cristã entre os que caminham na terra nos aproxima mais de Cristo, também o convívio com os santos nos une a Cristo, fonte e cabeça de que provêm todas as graças e a própria vida do povo de Deus" (*Lumen Gentium*, 50).

Nossas Devoções procura alimentar o convívio com Jesus, Maria e os santos, para nos tornarmos cada dia mais próximos de Cristo, que nos enriquece com os dons do Espírito e com todas as graças de que necessitamos.

Francisco Catão

Coleção Nossas Devoções

- *Dulce dos Pobres: novena e biografia* – Marina Mendonça
- *Francisco de Paula Victor: história e novena* – Aparecida Matilde Alves
- *Frei Galvão: novena e história* – Pe. Paulo Saraiva
- *Imaculada Conceição* – Francisco Catão
- *Jesus, Senhor da vida: dezoito orações de cura* – Francisco Catão
- *João Paulo II: novena, história e orações* – Aparecida Matilde Alves
- *João XXIII: biografia e novena* – Marina Mendonça
- *Maria, Mãe de Jesus e Mãe da Humanidade: novena e coroação de Nossa Senhora* – Aparecida Matilde Alves
- *Menino Jesus de Praga: história e novena* – Giovanni Marques Santos
- *Nhá Chica: Bem-aventurada Francisca de Paula de Jesus* – Aparecida Matilde Alves
- *Nossa Senhora Aparecida: história e novena* – Maria Belém
- *Nossa Senhora da Cabeça: história e novena* – Mario Basacchi
- *Nossa Senhora da Luz: novena e história* – Maria Belém
- *Nossa Senhora da Penha: novena e história* – Maria Belém
- *Nossa Senhora da Salete: história e novena* – Aparecida Matilde Alves
- *Nossa Senhora das Graças ou Medalha Milagrosa: novena e origem da devoção* – Mario Basacchi
- *Nossa Senhora de Caravaggio: história e novena* – Leomar A. Brustolin e Volmir Comparin
- *Nossa Senhora de Fátima: novena* – Tarcila Tommasi
- *Nossa Senhora de Guadalupe: novena e história das aparições a São Juan Diego* – Maria Belém
- *Nossa Senhora de Nazaré: novena e história* – Maria Belém
- *Nossa Senhora Desatadora dos Nós: história e novena* – Frei Zeca
- *Nossa Senhora do Bom Parto: novena e reflexões bíblicas* – Mario Basacchi
- *Nossa Senhora do Carmo: novena e história* – Maria Belém
- *Nossa Senhora do Desterro: história e novena* – Celina Helena Weschenfelder
- *Nossa Senhora do Perpétuo Socorro: história e novena* – Mario Basacchi
- *Nossa Senhora Rainha da Paz: história e novena* – Celina Helena Weschenfelder
- *Novena à Divina Misericórdia* – Tarcila Tommasi

- *Novena das Rosas: história e novena de Santa Teresinha do Menino Jesus* – Aparecida Matilde Alves
- *Novena em honra ao Senhor Bom Jesus* – José Ricardo Zonta
- *Ofício da Imaculada Conceição: orações, hinos e reflexões* – Cristóvão Dworak
- *Orações do cristão: preces diárias* – Celina Helena Weschenfelder
- *Os Anjos de Deus: novena* – Francisco Catão
- *Padre Pio: novena e história* – Maria Belém
- *Paulo, homem de Deus: novena de São Paulo Apóstolo* – Francisco Catão
- *Reunidos pela força do Espírito Santo: novena de Pentecostes* – Tarcila Tommasi
- *Rosário dos enfermos* – Aparecida Matilde Alves
- *Rosário por uma transformação espiritual e psicológica* – Gustavo E. Jamut
- *Sagrada Face: história, novena e devocionário* – Giovanni Marques Santos
- *Sagrada Família: novena* – Pe. Paulo Saraiva
- *Sant'Ana: novena e história* – Maria Belém
- *Santa Cecília: novena e história* – Frei Zeca
- *Santa Edwiges: novena e biografia* – J. Alves
- *Santa Filomena: história e novena* – Mario Basacchi
- *Santa Gemma Galgani: história e novena* – José Ricardo Zonta
- *Santa Joana d'Arc: novena e biografia* – Francisco de Castro
- *Santa Luzia: novena e biografia* – J. Alves
- *Santa Maria Goretti: história e novena* – José Ricardo Zonta
- *Santa Paulina: novena e biografia* – J. Alves
- *Santa Rita de Cássia: novena e biografia* – J. Alves
- *Santa Teresa de Calcutá: biografia e novena* – Celina Helena Weschenfelder
- *Santa Teresinha do Menino: novena e biografia* – Jesus Mario Basacchi
- *Santo Afonso de Ligório: novena e biografia* – Mario Basacchi
- *Santo Antônio: novena, trezena e responsório* – Mario Basacchi
- *Santo Expedito: novena e dados biográficos* – Francisco Catão
- *Santo Onofre: história e novena* – Tarcila Tommasi
- *São Benedito: novena e biografia* – J. Alves

- *São Bento: história e novena* – Francisco Catão
- *São Brás: história e novena* – Celina Helena Weschenfelder
- *São Cosme e São Damião: biografia e novena* – Mario Basacchi
- *São Cristóvão: história e novena* – Mário José Neto
- *São Francisco de Assis: novena e biografia* – Mario Basacchi
- *São Francisco Xavier: novena e biografia* – Gabriel Guarnieri
- *São Geraldo Majela: novena e biografia* – J. Alves
- *São Guido Maria Conforti: novena e biografia* – Gabriel Guarnieri
- *São José: história e novena* – Aparecida Matilde Alves
- *São Judas Tadeu: história e novena* – Maria Belém
- *São Marcelino Champagnat: novena e biografia* – Ir. Egídio Luiz Setti
- *São Miguel Arcanjo: novena* – Francisco Catão
- *São Pedro, Apóstolo: novena e biografia* – Maria Belém
- *São Peregrino Laziosi* – Tarcila Tommasi
- *São Roque: novena e biografia* – Roseane Gomes Barbosa
- *São Sebastião: novena e biografia* – Mario Basacchi
- *São Tarcísio: novena e biografia* – Frei Zeca
- *São Vito, mártir: história e novena* – Mario Basacchi
- *Senhora da Piedade: setenário das dores de Maria* – Aparecida Matilde Alves
- *Tiago Alberione: novena e biografia* – Maria Belém

Rua Dona Inácia Uchoa, 62
04110-020 – São Paulo – SP (Brasil)
Tel.: (11) 2125-3500
http://www.paulinas.com.br – editora@paulinas.com.br
Telemarketing e SAC: 0800-7010081